Dieses Pokémon-
Buch gehört:

Inhalt

MIX
Papier aus verantwor-
tungsvollen Quellen
FSC® C002795

Wir produzieren nachhaltig
- Klimaneutrales Produkt
- Papiere aus nachfältigen und kontrollierten Quellen
- Hergestellt in Europa

Inhalte mit freundlicher Genehmigung übernommen von Scholastic.
Originaltitel: „Play Ball, Pikachu", „The Rescue Mission", „Pikachu in Love",
„Team Rocket to the Rescue", Pokémon Journeys: „Welcome to Galar"
All Rights Reserved.
Die deutschsprachige Ausgabe erscheint im Nelson Verlag in der
Carlsen Verlag GmbH, Völckersstraße 14–20, 22765 Hamburg
Übersetzung: Constanze Steindamm
Gestaltung und Satz: awendrich grafix, Hamburg
www.carlsen.de/nelson

Pokémon™

Spannende Vorlesegeschichten

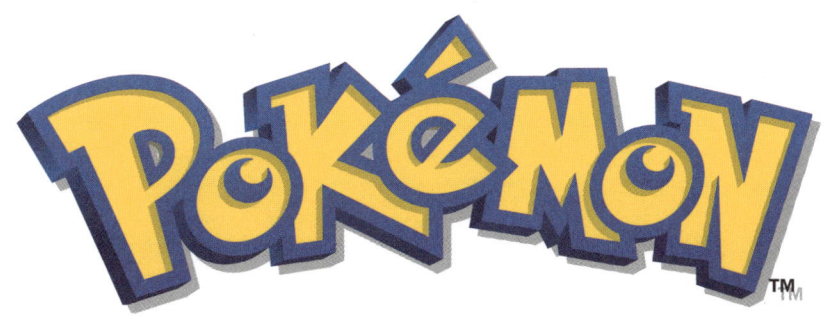

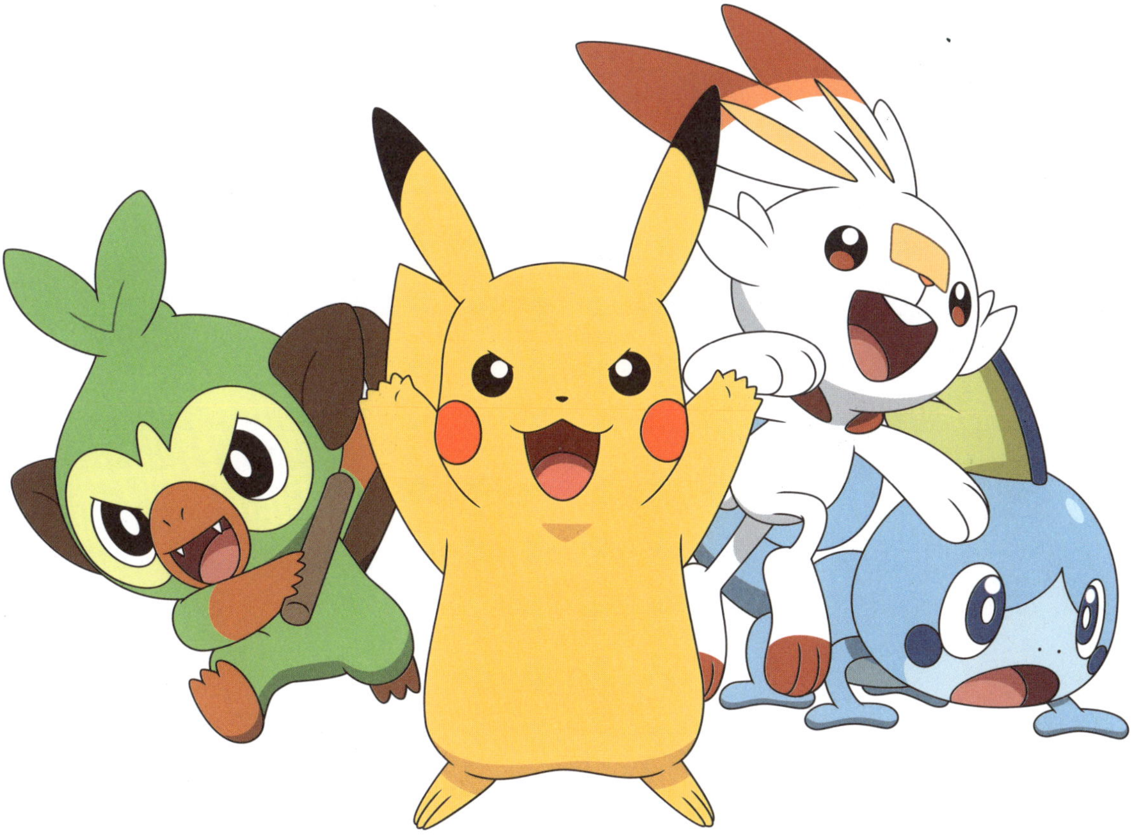

NELSON

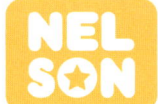

Spiel den Ball, Pikachu!

Ash sitzt mit seinen Pokémon Pikachu und Wuffels vor dem
Fernseher. Sie schauen sich das letzte Pokémon-Base-
Spiel der Saison an.

„Fantastisch!" Ash jubelt. „Das wird ja immer besser!"

Das Spiel ist schon fast beendet. Der Star des Teams,
Oluolu, macht einen Homerun.

Das Karpador-Team hat gewonnen!

„So cool!", sagt Ash. „Ich will auch Pokémon Base spielen."

Am nächsten Tag in der Pokémon-Schule geht Ashs Wunsch in Erfüllung.

„In der heutigen Stunde dreht sich alles um Pokémon-Base", beginnt Professor Kukui.

„Werden Sie es uns beibringen?", fragt Lana.

„Ich nicht", erwidert Professor Kukui. „Ich habe einen großen Trainer darum gebeten."

„Es ist Oluolu!", ruft Ash begeistert.

„Und wer ist das hinter ihm?!" Lilly wundert sich.

Es ist sein Pokémon-Partner Relaxo!

Das riesige Pokémon quetscht sich in den Raum und schläft sofort ein.

Oluolu bringt der Klasse alles über das Pokémon-Base-Spiel bei.

Sie teilen sich in zwei Teams auf und machen sich bereit zum Spielen.

Der Rotom-Pokédex ruft das Spiel aus.

„Als Erstes kommt das Team von Kiawe auf das Feld!"

Kiawe nimmt seine Stelle beim Abwurf ein.

Ash tritt als Schläger an.

„Jetzt geht's los, Ash", warnt Kiawe.

„Los geht's!", ruft Ash zurück.

Kiawe hält seinen Arm nach hinten.

Helle Flammen züngeln um ihn herum.

„Ball mit dynamischer Maxiflamme!", ruft Kiawe.

Der Ball schießt auf Ash zu.

„Pass auf!", ruft Ash. „Gigavolt Funkensalve!"

Ash schwingt den Schläger mit all seiner Kraft, doch er trifft daneben.

„Du musst den Ball im Auge behalten!", meint Chrys zu Ash.

„Ich weiß, ich weiß", antwortet Ash.

Er versucht wieder und wieder, den Ball zu treffen.

Doch Ash verfehlt sie alle.

Jetzt ist Kiawe mit dem Schlag dran.

Pikachu steht auf der Abwurfstelle.

„Pikachu", ruft Ash. „Zeig ihnen, wie du pfeffern kannst, Kumpel."

„Gib dein Bestes", antwortet Kiawe.

„Was auch immer es ist, es ist weg!"

Pikachu dreht den Ball und wirft hart.
Der Ball fliegt in Richtung Homebase.
Kiawe schlägt den Ball hoch in die Luft.
„Sag, dass es nicht so ist!", schreit
Kiawe. „Ein Hochschuss?!"
Der Ball fliegt auf Chrys zu.
Er stolpert über seine Füße und fällt
hin.
Aber er hat den Ball noch gefangen!
Das Team von Ash gewinnt das Spiel!
Ash ist begeistert, bis er sieht, dass Jessie, James und
Mauzi angekommen sind!
„Team Rocket? Was macht ihr denn hier?!", fragt Kiawe
misstrauisch.
„Ich will ein Autogramm von Oluolu", schwärmt Jessie.

Ash und seine Freunde wissen, dass Team Rocket nichts
Gutes im Schilde führt.
Bald streiten sich alle.
„Warum klären wir das nicht mit einem Spiel? Ich werde dem
Gewinnerteam mein Autogramm geben", schlägt Oluolu vor.
„Relaxo und ich spielen im Team Schule."

James fühlt sich nicht wohl dabei, gegen Oluolu zu spielen.

Doch Jessie weist ihn darauf hin, dass Relaxo auf dem
Spielfeld ist.

Das stets schlafende Pokémon gähnt bereits.

„Mach dir keine Sorgen", sagt Jessie. „Schlag den Ball
einfach zu Relaxo."

Der Wurf von Pikachu bringt Jessie ins Trudeln.

Doch sie schlägt den Ball trotzdem genau zu Relaxo.

Er prallt von Relaxos Bauch ab und rollt über das Feld.

Kiawe schnappt sich den Ball, aber Relaxo rollt auf ihn drauf!

„Ich gewinne! Ich gewinne!", schreit Jessie.

Doch sie vergisst, in welche Richtung sie laufen soll.

Wuffels pfeift Jessie aus dem Spiel.

„Du hast angegeben, jetzt bist du ausgeschieden!",
kreischt Mauzi.

James schlägt den Ball auch direkt zu Relaxo.

Oluolu rennt los, um den Ball zu fangen. Er versucht,
Relaxo dazu zu bringen, aufzustehen.

„Wach auf! Ich kann das nicht allein!", ruft er.

Aber Relaxo schläft einfach weiter.

Jetzt ist das Team Schule an der Reihe.

Mimigma stellt sich auf den Abschlagsplatz.

Pikachu geht zum Wurfpunkt und schlägt für Team
Schule auf.

„Wir zählen auf dich, Pikachu!" Ash jubelt.

„Ich habe Mimigma noch nie so aufgekratzt gesehen",
ruft Mauzi.

Mimigma leuchtet elektrisch lila und wird von einer
dunklen Aura umgeben.

Es feuert einen Foulball direkt auf Pikachu!

Pikachu steht auf und bürstet den Schmutz ab.

Ash vergewissert sich, dass es Pikachu gut geht.

„He, das ist gegen die Regeln!", ruft er.

Jessie hat die Nachricht verstanden. Sie schickt
einen neuen Spieler aufs Feld.

Es ist Mauzi!

Mauzi schlägt hart gegen Kiawe auf.

Team Schule hat es schwer, die Würfe von Team
Rocket zu treffen.

Das Spiel geht in die letzten Züge.

Nun tritt Oluolu als Werfer an.

„Solange ich auf dem Hügel stehe, bist du draußen",
prahlt Mauzi.

Doch Oluolu schlägt den Ball an Mauzi vorbei.

Jetzt ist Relaxo am Zug. Er gähnt, als er zur Abschlagstelle geht.

„Juhu, Relaxo!", ruft Lana.

„Hol uns einen Homerun", fügt Ash hinzu.

Mauzi wirft einen Curveball nach Relaxo.

Relaxo bewegt sich nicht ein Stück.

Der Ball prallt von seinem Schläger ab und fällt auf den Boden.

Der Ball kommt direkt auf Garstella von Team Rocket zu.

„Schnapp ihn dir, Garstella!", ruft Mauzi.

Garstella fängt den Ball mit einem Horn auf.

„Hier drüben!", ruft James.

Garstella hebt vom Boden ab und fliegt quer über das Feld.

Sie landet direkt auf James' Gesicht!

Der Ball fällt auf den Boden!

Oluolu schafft die ganze
Runde. Jetzt ist der Spielstand
unentschieden!
Mauzi rennt dem Ball hinterher.
Alles liegt nun ans Relaxo. Aber
das Pokémon bewegt sich nicht.
„Relaxo, lauf!", ruft Ash.

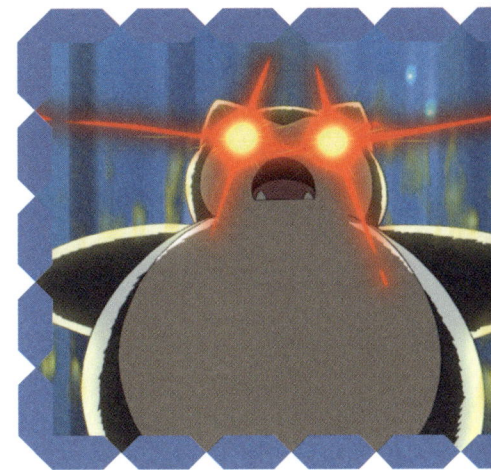

Oluolu schreitet ein und hebt seinen Z-Ring.

„Jetzt ist es an der Zeit, alle Register zu ziehen.

Leidenschaft!

Und Schweiß! Tränen und Mut! Fühlt das Brennen! Lauft!

Relaxo! Benutze Schluss mit lustig, los!"

Plötzlich ist Relaxo nicht mehr zu stoppen!

Es rennt an den Zwischenstationen vorbei.

Mauzi wirft den Ball in die Homebase zu Woingenau.

Aber Relaxo plättet Woingenau wie einen Pfannkuchen.

„Sicher!", ruft Professor Kukui.
Team Schule hat es geschafft.
Sie haben das Pokémon-Base-
Spiel gewonnen!
Unsere Helden feiern fröhlich
ihren Sieg!

Die Rettungsmission

„Achtung, hier komme ich!", ruft Heureka,
als sie in einen großen Laubhaufen eintaucht.
Dedenne und Pikachu lachen.
Sie sind alle auf dem Weg zum Pokémon-
Center in Fractalia City.
„Lass uns gehen, Heureka", fordert ihr großer
Bruder Citro sie auf. Er ist ein Pokémon-
Trainer, ebenso wie seine Freunde Ash und
Serena.
Heureka liebt es, mit ihren Pokémon zu
spielen. Aber sie möchte unbedingt ein
eigenes haben.

„Das ist so süß!", ruft Heureka kurz darauf. Ein winziges
grünes Pokémon hat sich in ihrer Tasche zusammengerollt.
Es schläft. Und es hat einen hübschen rosa Fleck auf
seinem Bauch.
Heureka weiß, dass sie sich um es kümmern muss.
Sie hat es bereits in ihr Herz geschlossen!

Doch als das kleine Pokémon Heureka sieht, versucht es
wegzuhüpfen.

Heureka nimmt es vorsichtig. Dann zeigt sie es ihrem Bruder.

„Wow!", sagt Citro. „Ich habe dieses Pokémon noch nie
gesehen."

Ash überprüft seinen neuen Pokédex.

„Nichts", sagt er. „Es gibt keine Daten."

„Das heißt also, es ist eine neue Art von Pokémon?", fragt Citro.

„Fantastisch!", ruft Ash. „Das ist so cool!"

Das kleine grüne Pokémon scheint sich zu fürchten.

„Ich werde mich darum kümmern", beschließt Heureka.

„Heureka!", warnt Citro sie. „Du weißt überhaupt nichts darüber."

Aber Heureka weiß, dass sie es lernen wird.

„Du bist klebrig", sagt sie zu dem Pokémon. „Deshalb nenne ich dich jetzt Blobby!"

„Pika pika", warnt Pikachu, aber es ist zu spät.

Die Freunde hören ein lautes Rumpeln.

Der Boden bebt.

„Oh nein!", schreit Ash. „Dodri!"

Eine Herde Dodri rennt an ihnen vorbei und wirft alles um, was ihnen in den Weg kommt.

Sie werden von Sawyers Reptain gejagt, das nichts Gutes im Schilde führt.

Blobby bekommt Angst und hüpft weg.

„Hey", ruft Heureka, „mein Blobby ist weg!"

Blobby hüpft davon, so schnell es kann. Doch es kommt nicht weit.

Das Rüpel-Team Flare blockiert seinen Weg. Ihre Meute von wütenden Hunduster knurrt.

„Versuchst du zu fliehen?", fragt die Anführerin von Team Flare, Calluna. „Wir brauchen dich für Operation Z."

Sie ruft nach ihrem Piondragi. „Los geht's!"

Ein großes lila Pokémon mit riesigen Krallen schnappt nach Blobby.

Blobby zappelt, aber es kann sich nicht befreien.

„Gut", sagt Calluna. „Gehen wir zurück ins Labor."

„Lass Blobby gehen!", ruft Heureka. Sie weiß, dass Blobby ihre Hilfe erwartet.

„Bitte, wie langweilig", sagt Calluna. „Piondragi, benutze Toxin."

Doch bevor Piondragi eine Bewegung machen kann, tritt Ash hinzu.

„Okay, Pikachu", sagt er. „Donnerblitz! GO!"

„Pi-ka-chuuuuu!"

Pikachus Wangen entladen sich mit einem Blitz aus Elektrizität.

„Reptain", ruft Sawyer. „Verwende Blättersturm!"

Reptain schleudert Blobby aus Piondragis Krallen.

Ash ruft schnell nach eF-eM. „Benutze Superschall!"

Piondragi versucht, sich mit Matschbombe zu wehren.
Aber Pikachu bezwingt es mit einem letzten Donnerblitz.
Das Hunduster schrumpft und verschwindet.
Team Flare flüchtet ebenfalls.
Blobby ist in Sicherheit!

„Blobby, zum Glück geht es dir gut!" Heureka umarmt das Pokémon.
Diesmal versucht Blobby nicht, wegzuspringen.
Ash, Citro, Serena und Sawyer werfen ihre Pokébälle in die Luft. Alle ihre Pokémon kommen heraus, um Hallo zu sagen.
„Blobby, das sind deine neuen Freunde", sagt Heureka.

Blobby hüpft fröhlich auf und ab.
Bald sitzen alle Pokémon in einem
Kreis und teilen Futter und Wasser.
Pikachu hält ihnen etwas Obst hin.
Aber Blobby möchte es nicht essen.
„De ne?" Dedenne versucht, eine
Beere zu teilen.
Blobby schüttelt den Kopf.

Heureka ist besorgt. Sie haben heute doch so viel erlebt.
„Blobby, bist du nicht hungrig?", fragt sie.
Blobby springt auf, als wollte es sagen: „Mach dir keine
Sorgen.
Ich brauche kein Futter."
Es hüpft hinüber zu einem Felsen und macht es sich auf
einem winzigen Fleckchen mit Sonnenlicht bequem. Nun
beginnt der rosa Fleck auf Blobbys Bauch zu leuchten.
Blobby schläft lächelnd ein.

Heurekas Bruder ist verwirrt, aber Heureka hat eine Idee.

„Vielleicht ist alles, was es braucht, Sonnenlicht", meint sie.

„Wow!", sagt Serena anerkennend.

Heureka ist stolz. Sie lernen etwas über Blobby, nur indem sie sich um es kümmern.

Die Freunde krabbeln in ihre Zelte und schlafen ein. Doch Blobby wacht mitten in der Nacht mit einem unguten Gefühl auf.

Team Flare ist zurückgekehrt. Blobby weiß es.

Doch dieses Mal hat das Pokémon keine Angst.

Blobby hüpft in den Wald. Es würde seine neuen Freunde beschützen.

Und seine neuen Freunde würden Blobby beschützen.

„Blobby, warte doch!", ruft Heureka. Sie rennt hinter ihrem Pokémon her.

„Pika pika!", ruft Pikachu.

„Ich habe euch gesagt, dass das Pokémon mir gehört, seht ihr?"

Calluna hält ihnen einen Pokéball hin.

„Tja, da irrst du dich", erklärt Ash. „Wenn Blobby dein Pokémon wäre, würdest du es nicht so behandeln, wie du es tust!"

„Genug!", erwidert Calluna. „Finsteraura!"

Ihre Meute von Hunduster schießt Schallwellen auf
Heureka und ihre Freunde.
„Amphizel, Aquawelle!", ruft Ash. „Pikachu, Donnerblitz!"

Während Ash und Sawyer
kämpfen, schnappen sich Citro,
Heureka und Serena ihre Pokémon
und bringen sich in Sicherheit.
Heureka hält Blobby ganz fest.

Aber als sie einen Fluss überqueren, rutscht Heureka auf einem Felsen aus und Blobby fällt ins Wasser. Es wird flussabwärts getragen, weit weg von Heureka – direkt zu Team Flares Caesurio!

„Jetzt haben wir dich", sagt Calluna. „Du bist ein Zygarde-Kern und wir brauchen dich für unser Experiment. Also gib auf."
Hunduster und Sniebel knurren.
Blobby macht einen großen Rückwärtssprung.
Es will Heureka finden und bei ihr bleiben.
Aber es würde Hilfe brauchen.
Wenn es wirklich ein Kern-Pokémon war, wie Team Flare gesagt hat, dann musste es das Zentrum von etwas sehr Großem sein.

Blobby schließt sein Auge und sendet einen Ruf aus.
Eine Masse aus leuchtenden Pokémon-Zellen
kommt kurz darauf auf Blobby zu.
Sie drehen sich und wirbeln herum, bis Blobby
plötzlich eine mächtige neue Form annimmt!

Blobbys neue Form brüllt und Lichtstrahlen schießen
aus dem Boden.
„Rückzug!", schreit Team Flare. Sie suchen das Weite.
Von unten am Fluss hört Heureka das Gebrüll.
„Es ist Blobby, ich weiß es!", ruft sie.
Sie rennt auf das Geräusch zu.

„Blobby!" Heureka läuft zu ihrem Pokémon und nimmt
es ganz fest in die Arme.

„Ich lasse dich nicht mehr los", sagt sie.

Blobby kuschelt sich an sie. Heureka hat sich gut um
das kleine grüne Pokémon gekümmert und es würde
nun ohne sie nirgendwo mehr hingehen.

Pikachu ist verliebt

Ash und seinen Freunden begegnen während ihrer
Abenteuer immer seltsame Pokémon.
Doch eines Tages treffen sie eine seltsame Person.
Pikachu ist überrascht.
„Ich bin Old Man Pottrott", sagt der kleine
Mann. „Ich stelle eine spezielle Medizin
für Pokémon her."
„Pika?", fragt Pikachu.
„Wie machst du das?", erkundigt sich Ash.
„Das ist ein Geheimnis", sagt der alte
Mann Pottrott. „Ich benutze ein Pokémon
namens Pottrott."

„Bitte sag mir, wie!", bettelt Ashs
Freund Rocko.
Old Man Pottrott erklärt ihnen
jeden Schritt.
Zuerst legt er geheime Zutaten in
die Schale des Pottrotts.
Dann lässt er das Pottrott in der
Wildnis frei.
Ein Jahr später holt er das Pottrott
zurück. Dann nimmt er den Saft
wieder aus der Schale heraus.

„Es gibt sogar eine besondere Art Saft, mit dem sich jedes Pokémon leicht fangen und trainieren lässt", erzählt der alte Mann. „Um ihn herzustellen, benötigt man einen seltenen blauen Pottrott."

„Leicht zu trainierende Pokémon!", sagt Rocko. „Wenn ich diesen Saft hätte, könnte ich der beste Pokémon-Trainer der Welt werden."
„Ich kann dir etwas von diesem Saft geben", sagt Old Man Pottrott. „Aber du und deine Freunde, ihr müsst mir helfen."

Old Man Pottrott ruft nach seinem Knofensa.

„Das ist Spoopy", stellt er das Pokémon vor.

„Spoopy kann das wilde Pottrott erschnüffeln. Ich brauche euch, denn ihr müsst Spoopy folgen und das blaue Pottrott für mich finden."

„Wir werden helfen!", sagt Rocko. Ash und Misty stimmen zu.

„Pika!", sagt Pikachu.

„Togi, Togi", sagt Togepi.

Die Freunde folgen Spoopy in den Wald. Spoopy schnuppert in der Luft. Dann beginnt es zu rennen.

„Spoopy ist sehr schnell!", meint Misty.

Ash, Misty, Rocko und Pikachu folgen Spoopy durch den Wald.

Spoopy findet viele Pottrotts. Es wirft die Pottrotts in die Luft,

um immer weitere fangen zu können.

„Das ist ja wie eine Pottrott-Dusche!", schreit Ash.

Dann rennt Spoopy wieder los.

„Nicht so schnell, Spoopy!", ruft Rocko ihm hinterher.

Spoopy schnuppert und schnuppert. Und endlich findet es
das seltene blaue Pottrott!

Plötzlich lässt sich Team Rocket
von den Bäumen herunter.
„Das blaue Pottrott gehört jetzt
uns!", ruft Jessie.
„Smogmog, benutze
Rauchwolke!", ruft James.
Dichter Rauch erfüllt die Luft.
Team Rocket ist verschwunden!

Team Rocket rennt und rennt.

„Ich habe Durst!", sagt Jessie schließlich.

Doch da Team Rocket kein

Wasser dabei hat, trinkt es den

Saft aus dem blauen Pottrott!

Mauzi fühlt sich danach ein wenig seltsam.

„Ich liebe dich, James!", schwärmt Mauzi.

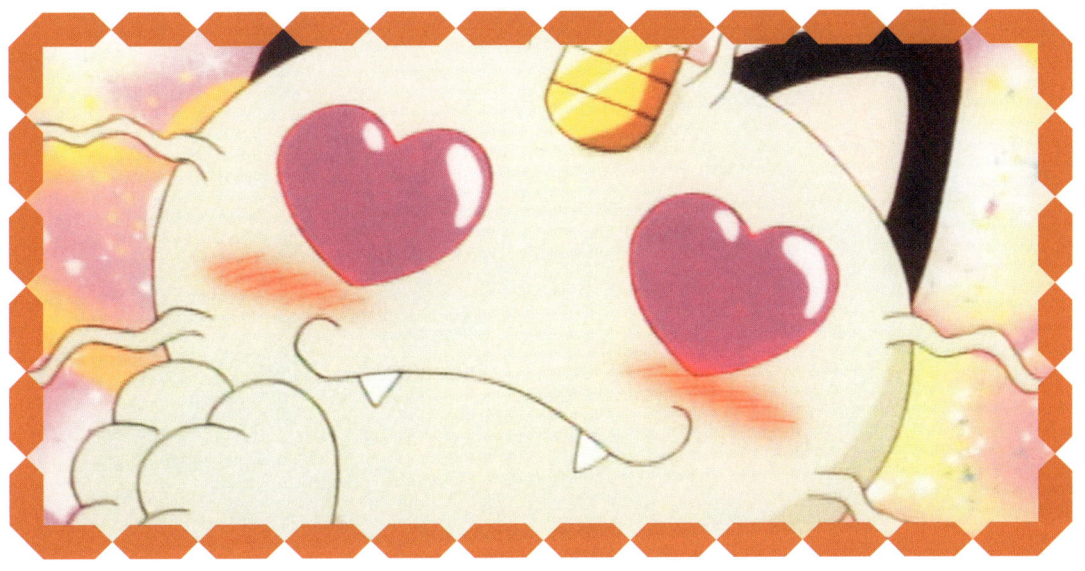

Dann gibt es dem überraschten James eine große Umarmung und einen Kuss.

In der Nähe beginnen sich wilde Pottrott zu bewegen. „Wohin gehen sie?", fragt Ash.

„Jemand hat den blauen Pottrott-
Saft probiert", sagt Old Man
Pottrott. „Man sollte ihn aber
nicht direkt aus der Schale
trinken. Wenn man das tut,
verlieben sich die Pokémon
in einen!"
Die Pottrotts sind nun alle
verliebt in Jessie. Sie
lecken ihr Gesicht ab.
„Igitt!", ruft Jessie und
rennt weg.

Team Rocket läuft direkt in die Arme von Ash und
seinen Freunden.
„Gebt das blaue Pottrott zurück – und zwar sofort!",
sagt Misty.

„Wir werden zuerst gegen euch kämpfen!", entgegnet Jessie.
Sie ruft nach Woingenau und Arbok.
Doch die Pokémon wollen nicht kämpfen. Stattdessen wollen sie Jessie umarmen!

„Toll!", sagt Ash. „Pikachu, benutze Donnerblitz!"

Aber Pikachu greift nicht an. Es ist auch in Jessie verliebt!

Old Man Pottrott kommt angerannt.

„Nun sind sie zu weit gegangen!", sagt er.

Er streut ein Pulver auf alle Pokémon.

„Das Pulver heilt die Pokémon", sagt er.

Er hat recht. Die Pokémon sind auf einmal nicht mehr
verliebt in Jessie und James.

Spoopy macht den ersten Schritt. Es benutzt Rankenhieb,
um das blaue Pottrott aus den Armen von Jessie zu
nehmen.

„Wir haben aber immer
noch Pikachu", prahlt Jessie.
Aber Pikachu ist auch nicht mehr
verliebt in Jessie.
„Pikachuuuuuuu!" Pikachu
schockiert Team Rocket. Sie
laufen wieder davon.

„Danke, dass du das blaue Pottrott gefunden hast, Rocko",
sagt Old Man Pottrott. „Hier ist der spezielle Saft, den ich dir
versprochen habe. Damit kannst du jedes Pokémon fangen
und trainieren."

„Nein, danke", sagt Rocko. „Ich möchte, dass
mich Pokémon für das lieben,
was ich bin. Nicht wegen irgendeines Saftes."
„Ich glaube, das tun sie jetzt schon", sagt Ash.
„Pika!" Da kann Pikachu nur zustimmen.

Ein brisanter Einsatz

„Beste Freunde für immer ..." Heureka singt für ihr Pokémon.

„Wir sind so glücklich zusammen."

„Wow, Heureka, was für ein schönes Lied", sagt Ash bewundernd.

„Pika, Pika!" Pikachu stimmt ihm zu.

„Ich nenne es das Blobby-Lied!", erzählt Heureka ihren Freunden.

Heureka hat Blobby, die Kern-Zygarde, auf dem Weg nach Fractalia City gefunden. Sie sind immer noch mit ihrem Bruder Citro und ihren Freunden Ash, Pikachu und Serena auf der Reise dorthin.

Heureka küsst ihr neues Pokémon auf den Kopf. Sie sind bereits beste Freunde.

„Ich verspreche, ich werde Blobby nie verlassen", singt sie weiter. „Mein süßes Blobby, das bist du!"

Heureka weiß nicht, dass Team Rocket sie beobachtet. Sie wollen Blobby entführen.

Ausgerechnet Blobby! Als Kern-Zygarde hat sie erstaunliche Kräfte.

Jessie und James rufen ihren Boss an, um ihm von dem seltenen Pokémon zu erzählen.

„Ich habe noch nie so ein Pokémon gesehen!", meint James.

„Dann fang es, bevor es jemand anders fängt", entgegnet der Boss. „Ich zähle auf euch."

„Er LIEBT uns!", singt Mauzi. Team Rocket ist so glücklich, dass ihnen zum Singen zumute ist.

„Und wir werden auf die Suche gehen!", sagt Jessie.

„Wir hauen ab, juhu!", heult Mauzi.

Sie stürmen los, um Blobby zu fangen.

Zurück am Fluss versucht Blobby ein Nickerchen zu machen.
Aber irgendetwas stimmt nicht.

„Hey, Blobby", sagt Heureka. „Pam-Pam und Igamaro wollen
spielen."

Doch Blobby ist nicht in der Stimmung, zu spielen. Es spürt,
dass sein Freund Z-2 in Schwierigkeiten ist. Aber Blobby ist
zu müde, um sich zu bewegen.

„Ich glaube, du bist traurig", sagt Heureka. Sie versucht, ihr
Pokémon in den Schlaf zu singen. Sie weiß, dass Blobby
seine Energie von der Sonne bekommt.

„Ich werde mich um dich kümmern und immer bei dir sein,"
singt sie.

Blobby schließt die Augen. Das kleine Pokémon fühlt sich
sicher. Es hofft, dass auch Z-2 in Sicherheit ist.

Aber Z-2 ist nicht in Sicherheit. Team Flare's Snibunna
verfolgt es durch eine Höhle.

Shardrago blockiert seinen Weg. Und Z-2 sitzt in der Falle!

„Ausgezeichnete Arbeit", meint Aliana, ein Mitglied von Team
Flare.

Team Flare ist sogar noch gefährlicher als Team Rocket. Sie
wollen Z-2 für ihren Boss fangen. Und sie haben einen Plan.

„Z-2, du kommst mit uns", sagt Magnolia, ein weiteres
Mitglied von Team Flare.

Aber Z-2 würde nicht kampflos gehen.

Z-2 springt hoch über den Kopf von Shardrago.

„Snibunna, los geht's!", ruft Magnolia.

Snibunna stürzt sich auf Z-2, aber Z-2 schießt mit einem grünen Kraftfeld zurück.

Bevor Snibunna angreifen kann, sendet Z-2 einen Hilferuf aus.

Andere Zygarde-Kerne kommen von überall aus dem Canyon. Sie schließen sich zusammen und bilden ein mächtiges Zygarde.

Zygarde stößt ein Brüllen aus und zielt auf den Bauch von
Shardrago.

Shardrago wird nach hinten gegen einen Felsen
geschleudert.

„Tu es!", ruft Magnolia.

Team Flare zielt mit ihren Blastern auf Zygarde. Aber
Zygarde ist zu schnell.

Es duckt sich und weicht den Explosionen aus.

„Benutze Drachenpuls!", befiehlt Aliana.

Shardrago baut einen mächtigen Energieball auf und richtet
ihn auf Zygarde.

Felsen zersplittern um das Legendäre Pokémon.

„Verwende Metallklaue!", ruft Magnolia.

Snibunna schlägt mit seinen scharfen Krallen nach Zygarde.

Zygarde dreht seinen Körper und schlägt Snibunna weg.

Mit einem mächtigen Gebrüll lässt Zygarde einen riesigen Energieball los.

Die Explosion schleudert Team Flare in die Luft.

Zygarde bringt sich in Sicherheit.

Während es rennt, zerstreuen sich die Zygarde-Kernzellen wieder und Zygarde verwandelt sich zurück in Z-2.

Doch Z-2 gerät direkt in die Fänge von Team Rocket!

„Blobby?", fragt Jessie.

„Nein, seine Markierungen sind anders", sagt James.

„Vielleicht gibt es mehr als einen Blobby."

„Was für ein Glück!" Jessie freut sich. „Wir sind auf Blobby-Gold gestoßen!"

„Du gehörst jetzt uns!", schnurrt Mauzi.

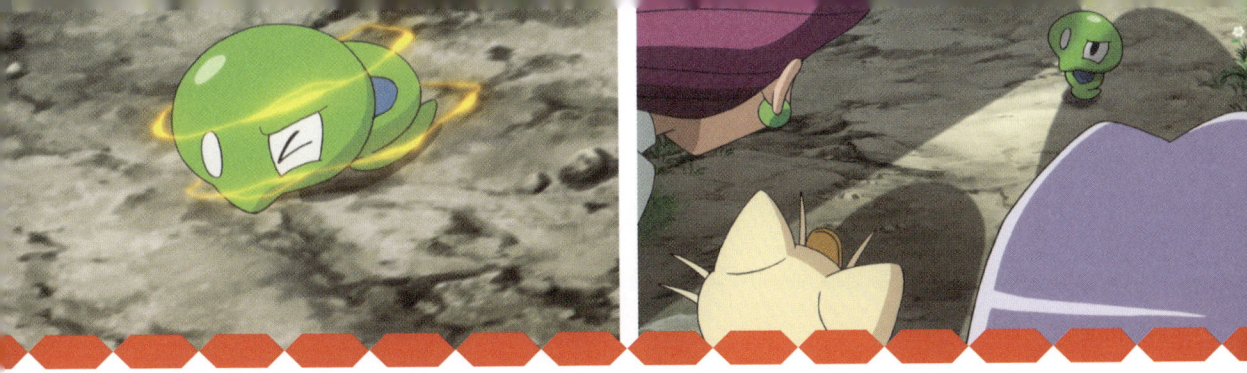

Aber plötzlich steht Team Flare vor Team Rocket und richtet
seine Blaster auf Z-2.

„Es ist die Brillenbande!", ruft Team Rocket.

Jessie wirft sich auf Z-2, um es zu schützen.

James und Mauzi stürzen sich darauf.

Sie würden nicht zulassen, dass Team Flare das neue
Pokémon ihres Chefs stiehlt!

„Iscalar, zerstöre den Strahl!", ruft James. „Nimm Psystrahl,
los."

Iscalars Psystrahl schlägt Magnolia den Blaster aus der Hand.

„In Ordnung, Pumpdjinn", ruft Jessie. „Benutze Samenbomben!"

Team Flare fällt unter einem Sturm von Samen zu Boden.

Team Rocket flieht mit Z-2.

„Puh, ich kann nicht mehr rennen", sagt Jessie.

Sie ducken sich hinter einen großen Felsen.

„Lass uns nächstes Mal ein Taxi nehmen", sagt Mauzi.

Z-2 wimmert in den Armen von James.

Jessie erinnert sich daran, wie sie Blobby und Heureka beobachtet hat.

„Der Zwerg Blobby bekommt seine Energie von der Sonne", sagt sie.

Das wollen sie auch mit Z-2 probieren.

„Zeit, sich zu bräunen", sagt James. Er huscht auf einen hohen Felsen und setzt Z-2 darauf. Es saugt die Sonnenstrahlen auf.

„Erfolg!", freut sich James. „Du bist grün vor Gesundheit."

„Diesmal entkommst du nicht", ruft Aliana.

Team Flare ist wieder da. „Fangen spielen ist sinnlos und langweilig."

„Im Leben nicht", sagt James. Er drückt Z-2 eng an seine Brust.

„Drachenpuls, los!", ruft Aliana.

Alianas Shardrago schießt auf Team Rocket.

Aber James' Woingenau benutzt Spiegelcape, um den Impuls direkt auf Shardrago zurückzuschicken. Das riesige Pokémon vom Typ Drache fällt mit einem Grunzen um.

„Das sind Woingenau-Regeln!", ruft Team Rocket.

Doch der Kampf ist noch nicht vorbei.

„Benutze Eissturm!", ruft Magnolia ihrem Snibunna zu.

Snibunna fliegt hoch in die Luft und bläst seinen gefrorenen
Atem direkt auf Team Rocket. Der kalte Windstoß schickt
sie wieder in die Luft.

„Jetzt lasst uns den Sack zumachen", sagt Aliana.

Die Pokémon von Team Flare umkreisen Z-2.

Aber Z-2 hat noch ein paar eigene Züge drauf.

Es sendet wieder einen Hilferuf aus. Zygarde-Kernzellen
kommen von überall aus der Umgebung.

Z-2 wächst zu einer größeren, mächtigeren Form von
Zygarde.

„Diese Kraft", sagt Aliana. „Das ist das einzig Wahre!"

Zygarde brüllt. Es entfesselt einen Drachenpuls, der so stark ist, dass er einen Krater in den Boden sprengt. Team Flare versteckt sich hinter einem Felsen.

Zygarde bäumt sich auf, bereit, einen weiteren riesigen Drachenpuls loszulassen.

„Oh nein!", sagte Aliana. „Nicht schon wieder."

„Gluu!" Ein Glurak rauscht heran und versengt Zygarde mit Flammenwurf.

Ein Fremder tritt neben Magnolia und Aliana.

„Der Boss hat mich geschickt, um euch etwas Zeit zu verschaffen", sagt er zu Team Flare. „Seid bereit."

„Jetzt Glurak", ruft er. „Benutze Drachenklaue!"

Doch Zygarde ist zu stark für Glurak.

Mit einem Hieb hat es das Feuer- und Fliegen-Pokémon erledigt.

Der Fremde spricht in sein Armband.

„Antworte auf mein Herz, Schlüsselstein!", sagt er. „Mega-Entwicklung!"

Team Flare sieht zu, wie Glurak zum Mega-Glurak X wird!

„Drachenklaue!", ruft der Fremde.

Mega-Glurak X schwingt sich in die Luft und greift Zygarde mit einer feurigen Wut an.

Ausweichen. Schlagen. Zuschlagen.

Mega-Glurak X und Zygarde rammen mit gleicher Wucht ineinander.

„Volle Kraft, jetzt!", befiehlt Magnolia.

Team Flare beschießt Zygarde mit allem, was sie haben.
Die Kraft ist zu viel für Zygarde. Die Zygarde-Kernzellen
fliehen. Und Zygarde verwandelt sich zurück in Z-2.

„Ende der Fahnenstange, Z-2", sagt Magnolia. Sie schnappt
sich das Pokémon und setzt es in einen leuchtenden Käfig.

Unterdessen nimmt Heureka Blobby im Wald fest in den Arm. Sie kann erkennen, wenn Blobby traurig ist. „Alles kommt wieder in Ordnung", sagt sie zu Blobby. „Ich bin hier bei dir. Und dich werden sie nicht bekommen."

Und Blobby und Heureka würden auch Z-2 finden und es vor Team Flare retten, so viel ist sicher.
Aber für diesen Moment ist Blobby froh, eine beste Freundin wie Heureka zu haben, die es so gut beschützt.

Pokémon REISEN

Willkommen in der Galar-Region!

„Da ist sie! Die Galar-Region!", sagte Goh.

Er zeigte aus dem Fenster des Flugzeugs.

„Wow …", sagte Ash. Er und Pikachu schauten aus dem
Fenster.

Die Freunde waren zum ersten Mal auf dem Weg nach Galar.

Sie waren aufgeregt und freuten sich darauf, die neue Region
zu erkunden!

Als Nächstes mussten Ash und Goh einen Zug nehmen.
Sie hatten vor, die Wildnis zu erkunden.
Doch sie mussten noch drei Stunden warten, bevor der
Zug abfuhr!

„Warum holen wir uns nicht etwas zu essen?", fragte Ash.
„Ich bin dabei!", freute sich Goh.

Ash und Pikachu
schnupperten in der Luft.
Es duftete köstlich!
Schnell fanden sie einen
Laden, in dem sie Essen
kaufen konnten.

„Was sind denn das für
winzige Dinger mit dem unglaublichen Geruch?", fragte Ash.
„Scones", sagte Goh. „Das sind runde Kekse."
Sie kauften ein paar.
„So lecker!", sagte Ash. Und auch Pikachu ließ es sich
schmecken.

Plötzlich flog ein Stein durch die Luft.

„Hm?", machten Ash und Goh erstaunt.

Ein verspieltes Pokémon rannte an ihnen vorbei!

Ash versuchte, ein Foto zu machen.

Er und Goh bemerkten nicht, dass drei Kleptifux in der Nähe waren.

Die Kleptifux wollten sich die restlichen Kekse schnappen.

Sie stahlen Ashs Rucksack und rannten weg!

Das verspielte Pokémon rannte auch weg.

Ash und Goh merkten schnell, dass es mit den Kleptifux
befreundet war.

„Unsere Zugtickets sind auch in deinem Rucksack, stimmt's?",
fragte Goh.

„Ja!", rief Ash.

Sie verfolgten das Pokémon.

„In welche Richtung sind sie gelaufen?", fragte Ash.

Sie hörten eine Glocke läuten und folgten dem Geräusch.

Oh nein! Die Pokémon hatten sie in eine Sackgasse geführt!

Ash und Goh trennten sich, um den Rucksack zu finden.

Doch kurz danach hatte Ash sich verlaufen!

„Piiikachu!", rief Pikachu besorgt.

Zum Glück hatte Goh in der Zwischenzeit das Pokémon gefunden. Er rief nach Ash.

Gohs Rotom-Pokédex konnte ihnen den Namen von Kleptifux, dem Fuchs-Pokémon, sagen.

Aber es erkannte das andere Pokémon nicht.

„Eine neue Pokémon-Art!", schrien Ash und Goh. Sie waren aufgeregt.

Sie sahen zu, wie das unbekannte Pokémon mit den drei Kleptifux die Kekse teilte.

„Es scheint ein guter Freund der drei zu sein", sagte Goh.

Aber Ash war wütend.

„Diese Kekse gehören mir!", schrie er. „Und der Rucksack gehört auch mir!"

Das mysteriöse Pokémon trat gegen Ashs Rucksack.

Er blieb hoch oben in der Luft hängen.

„Gib mir meinen Rucksack zurück!", rief Ash.

Es sah so aus, als wollte
das Pokémon Ash angreifen!
Zum Glück blockte sein
Kumpel Pikachu es ab.
Der Kampf war eröffnet!

„Setz Eisenschweif ein!", sagte Ash zu Pikachu.
Das andere Pokémon griff an, aber Pikachu wich ihm aus.

„Pikachu, Donnerblitz! Los geht's!", sagte Ash.

Das andere Pokémon sprang zur Seite und machte
eine schnelle Lade-Attacke.

„Benutze Elektronetz!", rief Ash.

Pikachus Elektronetz landete.

„Wir haben es geschafft, Pikachu!" Ash jubelte.

Pikachu kletterte hoch und holte Ashs Rucksack herunter.

Das andere Pokémon war nicht glücklich.

Es gab Ash einen gewaltigen Tritt!

„Du hast ein paar tolle Tricks drauf!", sagte Goh bewundernd.

In diesem Moment rannten die drei Kleptifux mit noch mehr gestohlenem Essen vorbei.

Ein Ladenbesitzer folgte ihnen. Er schnappte sich das unbekannte Pokémon.

Goh wollte nicht, dass das Pokémon in Schwierigkeiten
geriet.

„Das ist mein Pokémon!", sagte er. „Ich werde dafür sorgen,
dass es so etwas nie wieder tut!"

Der Ladenbesitzer merkte, dass Goh nicht die
Wahrheit sagte.

„Warum nimmst du Hopplo in Schutz?", fragte er.

813

„Hopplo?", fragte Goh.

Rotom erzählte ihm die Fakten über das Hasen-Pokémon.

„Sein Fell hat eine andere Farbe", sagte Goh.

„Hopplo bedeckt sich mit Schlamm", sagte der
Ladenbesitzer. „Deshalb sieht es braun aus. Die Kleptifux
sind immer hungrig. Hopplo ist ihr Freund. Es hilft ihnen
über die Runden zu kommen."

Aber dem Ladenbesitzer
gefiel nicht, dass das
Pokémon den Leuten in
der Stadt Essen stahl.
Hopplo sah beschämt aus.
Goh war besorgt. Hopplo
war wirklich sehr traurig.

Goh wollte, dass Hopplo ein besseres Leben hatte.
„Bitte gib nicht auf", sagte er zu dem kleinen Pokémon.
„Es ist eine große Welt da draußen. Du kannst überall
hingehen, wo du hinwillst!"

Es war Zeit für Ash und Goh, ihren Zug zu erwischen.
Sie winkten ihren neuen Freunden zum Abschied zu und
rannten los.

Die Kleptifux brachten auch Hopplo zum Zug.

Denn Hopplo wollte die Welt erkunden, genau wie
Goh gesagt hatte.
Das kleine Pokémon kletterte an Bord.
Es war bereit für sein nächstes Abenteuer!